AF825570

5

Inventar
der Elektrogroßhandlung Rolf Göbel e. K., Leverkusen, zum 31. Dezember ..

A. Vermögen		
I. Anlagevermögen		
II. Umlaufvermögen		
Summe des Vermögens		
B. Schulden		
I. Langfristige Schulden		
II. Kurzfristige Schulden		
Summe der Schulden		
C. Eigenkapital (Reinvermögen)		

11

Datum	**Menge** Anzahl der Gebinde	**Einzelpreis**	**Gesamtwert**

12

Inventare
der Textilgroßhandlung Ulrike Brandt e. Kffr., Essen

	31. Dez. (1. Jahr)		31. Dez. (2. Jahr)	
A. Vermögen				
I. Anlagevermögen				
II. Umlaufvermögen				
Summe des Vermögens				
B. Schulden				
I. Langfristige Schulden				
II. Kurzfristige Schulden				
Summe der Schulden				
C. Eigenkapital (Reinvermögen)				

14/15/16/17

Erfolgsermittlung	14	15	16	17
Eigenkapital zum 31. Dez. 02				
– Eigenkapital vom 31. Dez. 01				
= Kapitalzunahme (-abnahme)				
+ Privatentnahmen				
– Neueinlagen				
= **Gewinn bzw. Verlust**				

18

Aktiva **Bilanz zum 31. Dezember ..**
Tuchgroßhandel Michael Berg e. K. **Passiva**

Aktiva **Passiva**

Vermögensstruktur		%	**Kapitalstruktur**		%
Anlagevermögen			Eigenkapital		
Umlaufvermögen			Fremdkapital		
Gesamtvermögen			**Gesamtkapital**		

19

Aktiva **Bilanz zum 31. Dezember ..**
Elektrogroßhandlung Herbert Heinz e. Kfm., München **Passiva**

Anlagevermögen		**Eigenkapital**	
		Fremdkapital	
Umlaufvermögen			

Aktiva **Passiva**

Vermögensstruktur		%	**Kapitalstruktur**		%
Anlagevermögen			Eigenkapital		
Umlaufvermögen			Fremdkapital		
Gesamtvermögen			**Gesamtkapital**		

20

Aktiva | **Bilanz zum 31. Dezember ..** **Werkzeuggroßhandlung Werner Peters e. K., Leverkusen** | Passiva

Anlagevermögen		**Eigenkapital**	
		Fremdkapital	
Umlaufvermögen			

Aktiva | **Passiva**

Vermögensstruktur		%	**Kapitalstruktur**		%
Anlagevermögen			Eigenkapital		
Umlaufvermögen			Fremdkapital		
Gesamtvermögen			**Gesamtkapital**		

21 (Aufgabe 5)

Aktiva | **Bilanz zum 31. Dezember ..** **Elektrogroßhandlung Rolf Göbel e. K., Leverkusen** | Passiva

Aktiva | **Passiva**

Vermögensstruktur		%	**Kapitalstruktur**		%
Anlagevermögen			Eigenkapital		
Umlaufvermögen			Fremdkapital		
Gesamtvermögen			**Gesamtkapital**		

21 (Aufgabe 12)

Aktiva **Bilanz zum 31. Dezember (1. Jahr)** **Passiva**
Textilgroßhandlung Ulrike Brandt e. Kffr., Essen

Aktiva **Passiva**

Vermögensstruktur		%	**Kapitalstruktur**		%
Anlagevermögen			Eigenkapital		
Umlaufvermögen			Fremdkapital		
Gesamtvermögen			**Gesamtkapital**		

Aktiva **Bilanz zum 31. Dezember (2. Jahr)** **Passiva**
Textilgroßhandlung Ulrike Brandt e. Kffr., Essen

Aktiva **Passiva**

Vermögensstruktur		%	**Kapitalstruktur**		%
Anlagevermögen			Eigenkapital		
Umlaufvermögen			Fremdkapital		
Gesamtvermögen			**Gesamtkapital**		

Geschäftsfall Nr.	Bilanzposten	+ bzw. –	Art der Bilanzveränderung	Auswirkung auf Bilanzsumme
1.	1.			
	2.			
2.	1.			
	2.			
3.	1.			
	2.			
4.	1.			
	2.			
5.	1.			
	2.			
6.	1.			
	2.			
7.	1.			
	2.			
8.	1.			
	2.			
9.	1.			
	2.			
10.	1.			
	2.			
11.	1.			
	2.			
12.	1.			
	2.			

25

Aktiva	Eröffnungsbilanz	Passiva

Aktiva	Bilanz 1	Passiva

Aktiva	Bilanz 2	Passiva

Aktiva	Bilanz 3	Passiva

Aktiva	Bilanz 4	Passiva

Aktiva	Eröffnungsbilanz	Passiva

Aktiva	Bilanz 1	Passiva

Aktiva	Bilanz 2	Passiva

Aktiva	Bilanz 3	Passiva

Fortsetzung von Übung 26

Bilanz 4

Aktiva	Passiva

Bilanz 5

Aktiva	Passiva

Bilanz 6

Aktiva	Passiva

29

Aktiva	Eröffnungsbilanz		Passiva

S	Betriebs- und Geschäftsausstattung (BGA) H

S	Bankguthaben H

S	Waren H

S	Eigenkapital H

S	Darlehensschulden H

S	Forderungen a. LL H

S	Verbindlichkeiten a. LL H

S	Kasse H

Aktiva	Schlussbilanz		Passiva

30

Aktiva	Eröffnungsbilanz		Passiva

S	Betriebs- und Geschäftsausstattung (BGA) H

S	Bankguthaben H

S	Waren H

S	Eigenkapital H

S	Forderungen a. LL H

S	Darlehensschulden H

S	Kasse H

S	Verbindlichkeiten a. LL H

Aktiva	Schlussbilanz		Passiva

34

Aktiva	Eröffnungsbilanz		Passiva

S	Grundstücke und Gebäude H

S	Betriebs- und Geschäftsausstattung H

S	Waren H

S	Forderungen a. LL H

S	Kasse H

S	Postbank H

S	Bankguthaben H

S	Eigenkapital H

S	Darlehensschulden H

S	Verbindlichkeiten a. LL H

Aktiva	Schlussbilanz		Passiva

35

Grundbuch				
Nr.	**Beleg**	**Kontierung** (Buchungssatz)	**Soll**	**Haben**
Summen:				

38

Datum	Beleg Nr.	Buchungstext	Soll	Haben
Summen:				

Grundbuch			
Nr.	**Buchungssatz** (Konten)	**Soll**	**Haben**
Summen:			

41

Eröffnungsbilanz

Aktiva	Passiva

Eröffnungsbilanzkonto

S	H

Grundstücke und Gebäude

S	H

BGA

S	H

Waren

S	H

Forderungen a. LL

S	H

Kasse

S	H

Bankguthaben

S	H

Verbindlichkeiten a. LL

S	H

Eigenkapital

S	H

Schlussbilanzkonto

S	H

Schlussbilanz

Aktiva	Passiva

Aktiva	**Eröffnungsbilanz**	Passiva

S	**Eröffnungsbilanzkonto**	H

S	**Grundstücke und Gebäude**	H

S	**BGA**	H

S	**Waren**	H

S	**Forderungen a. LL**	H

S	**Kasse**	H

S	**Postbankguthaben**	H

S	**Bankguthaben**	H

S	**Darlehensschulden**	H

S	**Verbindlichkeiten a. LL**	H

S	**Eigenkapital**	H

S	**Schlussbilanzkonto**	H

Aktiva	**Schlussbilanz**	Passiva

47

S	Eröffnungsbilanzkonto	H

S	Bank	H

S	Kasse	H

S	Umsatzerlöse für Waren	H

S	Provisionserträge	H

S	Zinserträge	H

S	Mietaufwendungen	H

S	Gewinn- und Verlustkonto	H

S	Werbung	H

S	Fremdinstandsetzung	H

S	Eigenkapital	H

S	Büromaterial	H

S	Schlussbilanzkonto	H

S	Portokosten	H

50

S	Eröffnungsbilanzkonto	H

S	Forderungen a. LL	H

S	Kasse	H

S	Betriebs- und Geschäftsausstattung	H

Fortsetzung von Übung 50

S	**Bankguthaben**	H

S	**Büromaterial**	H

S	**Werbekosten**	H

S	**Mietaufwendungen**	H

S	**Provisionserträge**	H

S	**Zinserträge**	H

S	**Verbindlichkeiten a. LL**	H

S	**Eigenkapital**	H

S	**Gewinn- und Verlustkonto**	H

S	**Schlussbilanzkonto**	H

51

S	**Eröffnungsbilanzkonto**	H

S	**Betriebs- und Geschäftsausstattung (BGA)**	H

S	**Forderungen a. LL**	H

S	**Bankguthaben**	H

S	**Kasse**	H

S	**Postbankguthaben**	H

S **Darlehensschulden** H

S **Verbindlichkeiten a. LL** H

S **Büromaterial** H

S **Portokosten** H

S **Kosten der Telekommunikation** H

S **Zinsaufwendungen** H

S **Löhne** H

S **Betriebliche Steuern** H

S **Beiträge** H

S **Mietaufwendungen** H

S **Zinserträge** H

S **Provisionserträge** H

S **Gewinn- und Verlustkonto** H

S **Eigenkapital** H

S **Schlussbilanzkonto** H

54

S **Verbindlichkeiten a. LL** H

S **Forderungen a. LL** H

S **Wareneingang** H

S **Umsatzerlöse für Waren** H

S **Gewinn- und Verlustkonto** H

55

S	Verbindlichkeiten a. LL	H

S	Forderungen a. LL	H

S	Wareneingang	H

S	Umsatzerlöse für Waren	H

S	Gewinn- und Verlustkonto	H

56

S	Verbindlichkeiten a. LL	H

S	Forderungen a. LL	H

S	Wareneingang	H

S	Umsatzerlöse für Waren	H

S	Gewinn- und Verlustkonto	H

57

S	Eröffnungsbilanzkonto	H

S	Warenbestand	H

S	Forderungen a. LL	H

S	Verbindlichkeiten a. LL	H

S	Wareneingang	H

S	Umsatzerlöse für Waren	H

S	Gewinn- und Verlustkonto	H

S	Schlussbilanzkonto	H

58 a

S	Eröffnungsbilanzkonto	H

S	Warenbestand	H

S	Forderungen a. LL	H

S	Verbindlichkeiten a. LL	H

S	Wareneingang	H

S	Umsatzerlöse für Waren	H

S	Gewinn- und Verlustkonto	H

S	Schlussbilanzkonto	H

58 b

S	Eröffnungsbilanzkonto	H

S	Warenbestand	H

S	Forderungen a. LL	H

S	Verbindlichkeiten a. LL	H

S	Wareneingang	H

S	Umsatzerlöse für Waren	H

S	Gewinn- und Verlustkonto	H

S	Schlussbilanzkonto	H

60/61

S	Warenbestand	H

S	Wareneingang	H

S	Umsatzerlöse für Waren	H

S	Gewinn- und Verlustkonto	H

S	Schlussbilanzkonto	H

64

S	Betriebs- und Geschäftsausstattung	H

S	Warenbestand	H

S	Forderungen a. LL	H

S	Bankguthaben	H

S	Kasse	H

S	Darlehensschulden	H

S	Verbindlichkeiten a. LL	H

S	Wareneingang	H

S	Umsatzerlöse für Waren	H

S	Löhne	H

S	Gehälter	H

S	Büromaterial	H

S	Kosten der Telekommunikation	H

S	Zinsaufwendungen	H

S	Zinserträge	H

S	Gewinn- und Verlustkonto	H

S	Eigenkapital	H

S	Schlussbilanzkonto	H

67

S **Betriebs- und Geschäftsausstattung** H

S **Warenbestand** H

S **Forderungen a. LL** H

S **Kasse** H

S **Postbankguthaben** H

S **Bankguthaben** H

S **Darlehensschulden** H

S **Verbindlichkeiten a. LL** H

S **Wareneingang** H

S **Umsatzerlöse für Waren** H

S **Löhne** H

S **Mietaufwendungen** H

S **Betriebliche Steuern** H

S **Provisionserträge** H

S **Zinserträge** H

S **Gewinn- und Verlustkonto** H

S **Eigenkapital** H

S **Schlussbilanzkonto** H

S	Fuhrpark	H

S	Geschäftsausstattung (GA)	H

S	Warenbestand	H

S	Forderungen a. LL	H

S	Vorsteuer	H

S	Kasse	H

S	Bank	H

S	Verbindlichkeiten a. LL	H

S	Umsatzsteuer	H

S	Wareneingang	H

S	Umsatzerlöse für Waren	H

S	Löhne	H

S	Gewinn- und Verlustkonto	H

S	Eigenkapital	H

S	Schlussbilanzkonto	H

81

S	Fuhrpark	H

S	Geschäftsausstattung (GA)	H

S	Warenbestand	H

S	Forderungen a. LL	H

S	Vorsteuer	H

S	Kasse	H

S	Bank	H

S	Verbindlichkeiten a. LL	H

S	Umsatzsteuer	H

S	Wareneingang	H

S	Umsatzerlöse für Waren	H

S	Gehälter	H

S	Werbeaufwendungen	H

S	Büromaterial	H

S	Kosten der Telekommunikation	H

S	Fremdinstandsetzung	H

S	Gewinn- und Verlustkonto	H

S	Eigenkapital	H

S	Schlussbilanzkonto	H

89

S **Technische Anlagen und Maschinen** H

S **Fuhrpark** H

S **Betriebs- und Geschäftsausstattung** H

S **Forderungen a. LL** H

S **Vorsteuer** H

S **Kasse** H

S **Bank** H

S **Darlehensschulden** H

S **Verbindlichkeiten a. LL** H

S **Umsatzsteuer** H

S **Wareneingang** H

S **Warenbestand** H

S **Löhne** H

S **Betriebliche Steuern** H

S **Abschreibungen auf Sachanlagen** H

S **Umsatzerlöse für Waren** H

S **Gewinn- und Verlustkonto** H

S **Eigenkapital** H

S **Schlussbilanzkonto** H

S **Eröffnungsbilanzkonto** H

S **BGA** H

S **Warenbestand** H

S **Forderungen a. LL** H

S **Vorsteuer** H

S **Kasse** H

S **Bank** H

S **Darlehensschulden** H

S **Verbindlichkeiten a. LL** H

S **Umsatzsteuer** H

S **Wareneingang** H

S **Umsatzerlöse für Waren** H

S **Zinserträge** H

S **Gehälter** H

S **Fremdinstandsetzung** H

S **Büromaterial** H

S **Abschreibungen auf Sachanlagen** H

S **Privatkonto** H

S **Gewinn- und Verlustkonto** H

S **Eigenkapital** H

S **Schlussbilanzkonto** H

117

S	8000 Eröffnungsbilanzkonto	H

S	0700 TA und Maschinen	H
242.000,00		

S	0800 BGA	H
88.000,00		

S	2280 Warenbestand	H
180.000,00		

S	2400 Forderungen a. LL	H
98.000,00		

S	2600 Vorsteuer	H

S	2800 Bank	H
142.000,00		

S	2880 Kasse	H
5.800,00		

S	3000 Eigenkapital	H
		479.800,00

S	3001 Privatkonto	H

S	4250 Hypothekenschulden	H
		150.000,00

S	4400 Verbindlichkeiten a. LL	H
		112.600,00

S	4800 Umsatzsteuer	H
		13.400,00

S	5100 Umsatzerlöse für Waren	H

Fortsetzung von Übung 117

S	5420 Entnahme v. G. u. s. L.	H

S	5710 Zinserträge	H

S	6060 Wareneingang	H

S	6160 Fremdinstandsetzung	H

S	6300 Gehälter	H

S	6520 Abschreibungen auf Sachanlagen	H

S	6700 Mieten	H

S	6820 Portokosten	H

S	6870 Werbung	H

S	7510 Zinsaufwendungen	H

S	8020 Gewinn- und Verlustkonto	H

S	8010 Schlussbilanzkonto	H

119

S	2400 Forderungen a. LL	H

S	5100 Umsatzerlöse für Waren	H

S	10000 Kunde Cromme AG	H

S	4800 Umsatzsteuer	H

S	10001 Kunde Helmer GmbH	H

S	2800 Bank	H

Kunden-Saldenliste

Konto-Nr.	Kunden	Salden

120

S	6060 Wareneingang	H

S	4400 Verbindlichkeiten a. LL	H

S	60000 Lieferer Hax GmbH	H

S	2600 Vorsteuer	H

S	60001 Lieferer Lauer OHG	H

S	2800 Bank	H

Lieferer-Saldenliste

Konto-Nr.	Lieferer	Salden

647830

124

Grundbuch (Journal)

AR (Ausgangsrechnung)
BA (Bankauszug)
KB (Kassenbeleg)

ER (Eingangsrechnung)
PA (Postbankauszug)
PE (Privatentnahmebeleg)
SB (Sonstige Belege)

Datum	Beleg	Buchungstext	Kontierung		Betrag	
			Soll	Haben	Soll	Haben

Fortsetzung von Übung 124 (Grundbuch)

Datum	Beleg	Buchungstext	Kontierung		Betrag	
			Soll	Haben	Soll	Haben

Hauptbuch

S 0800 Betriebs- und Geschäftsausstattung H

S	H
218.000,00	13.000,00

S 2280 Warenbestand H

S	H
189.000,00	

S 2400 Forderungen a. LL H

S	H
810.750,00	719.380,00

S 2600 Vorsteuer H

S	H
110.586,50	83.140,00

S 2800 Bank H

S	H
790.158,00	646.570,00

S 2850 Postbankguthaben H

S	H
69.343,00	14.000,00

S 2880 Kasse H

S	H
28.940,00	21.180,00

S 3000 Eigenkapital H

S	H
	429.000,00

S 3001 Privat H

S	H
40.000,00	

S 4400 Verbindlichkeiten a. LL H

S	H
525.000,00	624.880,00

S 4800 Umsatzsteuer H

S	H
72.140,00	150.907,50

S 5100 Umsatzerlöse für Waren H

S	H
	780.150,00

S 5420 Entnahme v. G. u. s. L. H

S	H
	14.100,00

S 6060 Wareneingang H

S	H
460.000,00	

S	63/64 Personalkosten	H
102.000,00		

S	6520 Abschreibungen auf Sachanlagen	H

S	6700 Mieten	H
45.070,00		

S	6800 Aufwendungen für Kommunikation	H
35.320,00		

S	8020 Gewinn- und Verlustkonto	H

S	8010 Schlussbilanzkonto	H

Bilanzbuch

Aktiva		Schlussbilanz	Passiva

Fortsetzung von Übung 124

Kontokorrentbuch (Personenkonten)

Kundenkonten:

S **10 000 F. Walter e. Kffr., Leverkusen** H

17. Dez.		344.500,00	17. Dez.		322.400,00

S **10 001 Kühn KG, Köln** H

17. Dez.		241.250,00	17. Dez.		221.400,00

S **10 002 R. Schulze e. Kfm., Bergheim** H

17. Dez.		225.000,00	17. Dez.		175.580,00

Liefererkonten:

S **60 000 M. Blau e. K., Rheine** H

17. Dez.		189.400,00	17. Dez.		224.600,00

S **60 001 S. Schneider e. K., Emsdetten** H

17. Dez.		180.200,00	17. Dez.		215.800,00

S **60 002 Weber GmbH, Soest** H

17. Dez.		155.400,00	17. Dez.		184.480,00

Saldenliste der Kundenkonten	Soll	Haben	Salden
Summen			

Saldenliste der Liefererkonten	Soll	Haben	Salden
Summen			

Grundbuch (Journal)

AR (Ausgangsrechnung)
BA (Bankauszug)
KB (Kassenbeleg)
ER (Eingangsrechnung)
PA (Postbankauszug)
PE (Privatentnahmebeleg)
SB (Sonstige Belege)

Datum	Beleg	Buchungstext	Kontierung		Betrag	
			Soll	Haben	Soll	Haben

Datum	Beleg	Buchungstext	Kontierung		Betrag	
			Soll	Haben	Soll	Haben

Hauptbuch

S	0510 Bebaute Grundstücke	H
1.255.500,00		

S	0800 Betriebs-und Geschäftsausstattung	H
494.500,00		

S	2280 Warenbestand	H
2.550.000,00		

S	2400 Forderungen a. LL	H
600.950,00		

S	2600 Vorsteuer	H
68.815,00		

S	2800 Sparkasse KölnBonn	H
331.826,00		

S	2880 Kasse	H
15.664,00		

S	3000 Eigenkapital	H
		3.000.000,00

S	3001 Privat	H
12.000,00		

S	4250 Langfristige Bankverbindlichkeiten	H
		1.431.284,00

S	4400 Verbindlichkeiten a. LL	H
		249.900,00

S	4800 Umsatzsteuer	H
		184.585,00

S	5100 Umsatzerlöse für Waren	H
		970.000,00

S	5420 Entnahme v. G. u. s. L.	H
		1.500,00

S	6030 Aufwendungen für Betriebsstoffe	H
12.800,00		

S — 6060 Wareneingang (Aufwendungen für Waren) — H

S	H
150.000,00	

S — 6160 Fremdinstandsetzung — H

S	H
91.480,00	

S — 6300 Gehälter — H

S	H
188.264,00	

S — 6520 Abschreibungen auf Sachanlagen — H

S	H

S — 6800 Büromaterial — H

S	H
2.320,00	

S — 6830 Kosten der Telekommunikation — H

S	H
850,00	

S — 6870 Werbung — H

S	H
45.800,00	

S — 7510 Zinsaufwendungen — H

S	H
16.500,00	

S — 8020 Gewinn- und Verlustkonto — H

S	H

S — 8010 Schlussbilanzkonto — H

S	H

Kontokorrentbuch (Personenkonten)

Kundenkonten:

S — 10 001 Druckcenter GmbH, Leipzig — H

..–01–06		119.000,00			
..–01–19		53.550,00			

S — 10 002 Kaufkette AG, Köln — H

..–01–18		47.600,00			
..–01–21		238.000,00			

S — 10 003 Schneider OHG, Würzburg — H

..–01–07		66.640,00			
..–01–23		76.160,00			

Liefererkonten:

S **60 001 Druck und Papier GmbH, Hagen** H

			..–01–04		85.680,00
			..–01–10		53.550,00

S **60 002 Matthias Hein OHG, Köln** H

			..–01–19		29.750,00
			..–01–22		19.635,00

S **60 003 Deutsche Papier AG, Leipzig** H

			..–01–21		61.285,00

Saldenliste der Kundenkonten	**Soll**	**Haben**	**Salden**
10 001 Druckcenter GmbH			
10 002 Kaufkette AG			
10 003 Schneider OHG			
Summen			

Saldenliste der Liefererkonten	**Soll**	**Haben**	**Salden**
60 001 Druck und Papier GmbH			
60 002 Matthias Hein OHG			
60 003 Deutsche Papier AG			
Summen			

Bilanzbuch

Aktiva **Schlussbilanz** **Passiva**

647840

S	0800 Betriebs- und Geschäftsausstattung H
192.026,00	2.500,00

S	2280 Warenbestand H
350.000,00	

S	2400 Forderungen a. LL H
874.200,00	782.300,00

S	2600 Vorsteuer H
107.350,00	78.600,00

S	2800 Bank H
931.428,00	700.810,00

S	2880 Kasse H
65.200,00	53.400,00

S	3000 Eigenkapital H
	621.500,00

S	3001 Privat H
48.400,00	

S	4400 Verbindlichkeiten a. LL H
463.400,00	542.100,00

S	4800 Umsatzsteuer H
86.600,00	171.494,00

S	5100 Umsatzerlöse für Waren H
	890.600,00

S	5420 Entnahme v. G. u. s. L. H
	12.000,00

S	6060 Wareneingang H
450.400,00	

S	6061 Bezugskosten H
41.300,00	5.600,00

S	6062 Nachlässe/Rücksendungen H

S	6520 Abschreibungen auf Sachanlagen H

S	6700 Mieten H
100.600,00	

S	6800 Büromaterial H
60.000,00	

S	6900 Versicherungsbeiträge H
40.000,00	

S	70.. Betriebliche Steuern H
50.000,00	

 647841

8020 Gewinn- und Verlustkonto

S	H

8010 Schlussbilanzkonto

S	H

178

0840 Fuhrpark

S	H
78.000,00	

0860 Geschäftsausstattung

S	H
110.000,00	

2280 Warenbestand

S	H
100.000,00	

2400 Forderungen a. LL

S	H
140.800,00	

2600 Vorsteuer

S	H
194.524,00	

2800 Bank

S	H
149.980,00	

2880 Kasse

S	H
8.400,00	

3000 Eigenkapital

S	H
	300.000,00

3001 Privat

S	H
76.000,00	

4400 Verbindlichkeiten a. LL

S	H
	104.410,00

4800 Umsatzsteuer

S	H
	277.894,00

5100 Umsatzerlöse für Waren

S	H
	1.535.000,00

Fortsetzung von Übung 178

S	5101 Erlösberichtigungen/Rücksendungen	H
26.900,00		

S	5102 Kundenskonti	H
28.000,00		

S	5103 Kundenboni	H
17.500,00		

S	6060 Wareneingang	H
919.200,00		

S	6061 Bezugskosten	H
18.800,00		

S	6062 Nachlässe/Rücksendungen	H
		8.500,00

S	6063 Liefererskonti	H
		19.300,00

S	6064 Liefererboni	H
		3.400,00

S	6520 Abschreibungen auf Sachanlagen	H

S	7800 Diverse Aufwendungen	H
380.400,00		

S	8020 Gewinn- und Verlustkonto	H

S	8010 Schlussbilanzkonto	H

182

0840 Fuhrpark

S	H
84.000,00	

0860 Geschäftsausstattung

S	H
182.110,00	

2280 Warenbestand

S	H
150.000,00	

2400 Forderungen a. LL

S	H
108.214,00	

2600 Vorsteuer

S	H
171.432,00	

2800 Bank

S	H
140.000,00	

2880 Kasse

S	H
19.200,00	

3000 Eigenkapital

S	H
	450.000,00

3001 Privat

S	H
72.000,00	

4400 Verbindlichkeiten a. LL

S	H
	130.490,00

4800 Umsatzsteuer

S	H
	249.166,00

5100 Umsatzerlöse für Waren

S	H
	1.357.500,00

5101 Erlösberichtigungen/Rücksendungen

S	H
55.500,00	

5103 Kundenboni

S	H
2.900,00	

5420 Entnahme v. G. u. s. L.

S	H
	12.300,00

6040 Verpackungsmaterial

S	H
30.000,00	

6050 Aufwendungen für Energie

S	H
42.700,00	

6060 Wareneingang

S	H
808.400,00	

6061 Bezugskosten

S	H
25.400,00	

6062 Nachlässe/Rücksendungen

S	H
	8.500,00

6064 Liefererboni

S	H
	1.500,00

6140 Frachten und Fremdlager

S	H
28.500,00	

6160 Fremdinstandsetzung

S	H
56.800,00	

6300 Gehälter

S	H
170.300,00	

6520 Abschreibungen auf Sachanlagen

S	H

6700 Mieten

S	H
62.000,00	

8020 Gewinn- und Verlustkonto

S	H

8010 Schlussbilanzkonto

S	H

S	0840 Fuhrpark	H
84.000,00		

S	2880 Kasse	H
19.200,00		

S	0860 Geschäftsausstattung	H
182.110,00		

S	3000 Eigenkapital	H
		450.000,00

S	2280 Warenbestand	H
150.000,00		

S	3001 Privat	H
72.000,00		

S	2400 Forderungen a. LL	H
108.214,00		

S	4400 Verbindlichkeiten a. LL	H
		130.490,00

S	2600 Vorsteuer	H
171.432,00		

S	4800 Umsatzsteuer	H
		249.166,00

S	2800 Bank	H
140.000,00		

S	5100 Umsatzerlöse für Waren	H
		1.357.500,00

5101 Erlösberichtigungen/Rücksendungen

S	H
55.500,00	

5103 Kundenboni

S	H
2.900,00	

5420 Entnahme v. G. u. s. L.

S	H
	12.300,00

6040 Verpackungsmaterial

S	H
30.000,00	

6050 Aufwendungen für Energie

S	H
42.700,00	

6060 Wareneingang

S	H
808.400,00	

6061 Bezugskosten

S	H
25.400,00	

6062 Nachlässe/Rücksendungen

S	H
	8.500,00

6064 Liefererboni

S	H
	1.500,00

6140 Frachten und Fremdlager

S	H
28.500,00	

6160 Fremdinstandsetzung

S	H
56.800,00	

6300 Gehälter

S	H
170.300,00	

6520 Abschreibungen auf Sachanlagen

S	H

6700 Mieten

S	H
62.000,00	

8020 Gewinn- und Verlustkonto

S	H

8010 Schlussbilanzkonto

S	H

201

S	8000 Eröffnungsbilanzkonto H

S	0500 Grundstücke H
180.000,00	

S	0510 Betriebsgebäude H
520.000,00	

S	0800 BGA H
147.000,00	

S	2280 Warenbestand H
210.000,00	

S	2400 Forderungen a. LL H
87.000,00	

S	2600 Vorsteuer H

S	2640 SV-Vorauszahlung H

S	2650 Forderungen an Mitarbeiter H
12.000,00	

S	2800 Bankguthaben H
95.000,00	

S	3000 Eigenkapital H
	721.000,00

S	3001 Privatkonto H

S	4230 Darlehensschulden H
	380.000,00

S	4400 Verbindlichkeiten a. LL H
	131.080,00

S	4800 Umsatzsteuer H
	12.000,00

4830 FB-Verbindlichkeiten

S	H
	6.920,00

5100 Umsatzerlöse für Waren

S	H

5420 Entnahme v. G. u. s. L.

S	H

5710 Zinserträge

S	H

6060 Wareneingang

S	H

6200 Löhne

S	H

6300 Gehälter

S	H

6400 Arbeitgeberanteil zur Sozialversicherung

S	H

6420 Beiträge zur Berufsgenossenschaft

S	H

6520 Abschreibungen auf Sachanlagen

S	H

7510 Zinsaufwendungen

S	H

8020 Gewinn- und Verlustkonto

S	H

8010 Schlussbilanzkonto

S	H

0500 Unbebaute Grundstücke

S	H
280.000,00	

0510 Bebaute Grundstücke/Gebäude

S	H
780.000,00	

0700 Technische Anlagen und Maschinen

S	H
675.000,00	

0800 Betriebs- und Geschäftsausstattung

S	H
280.000,00	

0891 GWG-Sammelposten

S	H
6.000,00	

2280 Warenbestand

S	H
155.600,00	

2400 Forderungen a. LL

S	H
309.160,00	

2600 Vorsteuer

S	H
126.905,00	

2800 Bank

S	H
370.000,00	

2880 Kasse

S	H
3.000,00	

3000 Eigenkapital

S	H
	1.300.000,00

3001 Privat

S	H
62.000,00	

4250 Hypothekenschulden

S	H
	680.000,00

4400 Verbindlichkeiten a. LL

S	H
	230.200,00

4800 Umsatzsteuer

S	H
	259.065,00

5100 Umsatzerlöse für Waren

S	H
	1.350.000,00

5102 Kundenskonti

S	H
8.780,00	

5103 Kundenboni

S	H
3.220,00	

5400 Mieterträge

S	H
	22.600,00

5420 Entnahme v. G. u. s. L.

S	H
	25.500,00

5430 Sonstige betriebliche Erträge

S	H
	14.800,00

6060 Wareneingang (Aufwendungen für Waren)

S	H
420.000,00	

6061 Bezugskosten

S	H
3.000,00	

6062 Nachlässe/Rücksendungen

S	H
	15.380,00

6063 Liefererskonti

S	H
	3.120,00

6520 Abschreibungen auf Sachanlagen

S	H

6540 Abschreibungen auf GWG

S	H

6550 Außerplanmäßige Abschreibungen

S	H

6900 Versicherungsbeiträge

S	H
22.000,00	

7510 Zinsaufwendungen

S	H
36.000,00	

7800 Diverse Aufwendungen

S	H
360.000,00	

8020 Gewinn- und Verlustkonto

S	H

8010 Schlussbilanzkonto

S	H

259

0700 Technische Anlagen und Maschinen

S	H
260.000,00	

0800 Betriebs- und Geschäftsausstattung

S	H
1.400.000,00	

0891 GWG-Sammelposten

S	H
8.600,00	

2280 Warenbestand

S	H
95.000,00	

2400 Forderungen a. LL

S	H
437.160,00	

2600 Vorsteuer

S	H
145.080,00	

2800 Bank

S	H
348.500,00	

2880 Kasse

S	H
7.400,00	

2900 Aktive Rechnungsabgrenzung

S	H

3000 Eigenkapital

S	H
	900.000,00

3001 Privat

S	H
88.700,00	

3900 Sonstige Rückstellungen

S	H
	10.000,00

4230 Darlehensschulden

S	H
	380.000,00

4400 Verbindlichkeiten a. LL

S	H
	170.000,00

4800 Umsatzsteuer

S	H
	375.440,00

4890 Sonstige Verbindlichkeiten

S	H
	110.000,00

4900 Passive Rechnungsabgrenzung

S	H

5100 Umsatzerlöse für Waren

S	H
	1.976.000,00

5420 Entnahme v. G. u. s. L.

S	H

Fortsetzung von Übung 259

S 5710 Zinserträge H

S	H
	4.000,00

S 6060 Wareneingang H

S	H
626.000,00	

S 6160 Fremdinstandsetzung H

S	H
8.000,00	

S 6520 Abschreibungen auf Sachanlagen H

S	H

S 6540 Abschreibungen auf GWG H

S	H

S 6550 Außerplanmäßige Abschreibungen H

S	H

S 6570 Abschreibungen auf Umlaufvermögen H

S	H

S 6700 Mietaufwendungen H

S	H
145.300,00	

S 6770 Rechts- und Beratungskosten H

S	H
14.000,00	

S 6940 Sonstige Aufwendungen H

S	H
16.000,00	

S 7510 Zinsaufwendungen H

S	H
46.400,00	

S 7800 Diverse Aufwendungen H

S	H
279.300,00	

S 8020 Gewinn- und Verlustkonto H

S	H

S 8010 Schlussbilanzkonto H

S	H

Aktiva Schlussbilanz Passiva

Aktiva	Passiva

Grundbuch (Journal)

AR (Ausgangsrechnung)
BA (Bankauszug)
KB (Kassenbeleg)
ER (Eingangsrechnung)
PA (Postbankauszug)
PE (Privatentnahmebeleg)
SB (Sonstige Belege)

Datum	Beleg	Buchungstext	Kontierung		Betrag	
			Soll	Haben	Soll	Haben

Fortsetzung von Übung 289 (Grundbuch)

Datum	Beleg	Buchungstext	Kontierung		Betrag	
			Soll	Haben	Soll	Haben

Hauptbuch

S	0840 Fuhrpark H
107.200,00	

S	0860 Geschäftsausstattung H
240.000,00	

S	2280 Warenbestand H
150.000,00	

S	2400 Forderungen a. LL H
119.000,00	

S	2600 Vorsteuer H
149.726,40	

S	2800 Bank H
272.600,00	

S	2850 Postbank H
28.100,00	

S	2880 Kasse H
24.778,80	

S	2900 Aktive Rechnungsabgrenzung H

S	3000 Eigenkapital H
	625.000,00

S	3001 Privat H
84.872,00	

S	3900 Sonstige Rückstellungen H

S	4400 Verbindlichkeiten a. LL H
	160.745,20

S	4800 Umsatzsteuer H
	228.532,00

S	**5100 Umsatzerlöse für Waren** H
	1.220.000,00

S	**5101 Erlösberichtigungen/Rücksendungen** H
3.400,00	

S	**5102 Kundenskonti** H
21.600,00	

S	**5420 Entnahme v. G. u. s. L.** H
	7.800,00

S	**6050 Aufwendungen für Energie** H
18.000,00	

S	**6060 Wareneingang (Aufwendungen für Waren)** H
775.600,00	

S	**6062 Nachlässe/Rücksendungen** H
	8.200,00

S	**6063 Liefererskonti** H
	16.800,00

S	**6160 Fremdinstandsetzung** H
20.100,00	

S	**6300 Gehälter** H
143.400,00	

S	**6400 Arbeitgeberanteil zur Sozialversicherung** H
18.600,00	

S	**6520 Abschreibungen auf Sachanlagen** H

S	**6700 Mietaufwendungen** H
64.800,00	

S	**6820 Portokosten** H
2.100,00	

S	**6830 Kosten der Telekommunikation** H
4.300,00	

S	**6850 Reisekosten** H
2.800,00	

S	**7000 Betriebliche Steuern** H
16.100,00	

S	**8020 Gewinn- und Verlustkonto** H

S	**8010 Schlussbilanzkonto** H

Kontokorrentbuch (Personenkonten)

Kundenkonten:

S — 10 001 H. Karls e. K., Halle — H

..–12–10		14.875,00			
..–12–16		833,00			
..–12–18		8.092,00			

S — 10 002 W. Gruppe e. Kfm., Aachen — H

..–12–04		41.650,00			
..–12–21		11.900,00			

S — 10 003 R. Naumann e. K., Ludwigshafen — H

..–12–21		5.950,00			
..–12–27		11.900,00			

S — 10 004 Stadtwerke, Nürnberg — H

..–12–12		2.380,00			
..–12–21		11.900,00			

S — 10 005 W. Kunde e. K., Bruchsal — H

..–12–10		2.142,00			
..–12–27		7.378,00			

Liefererkonten:

S — 60 001 Velox GmbH, Hamburg — H

			..–12–23		29.964,20

S — 60 002 Hausgeräte GmbH, Schwerin — H

			..–12–09		21.420,00
			..–12–21		20.230,00

S			60 003 Schneider KG, Magdeburg		H
			..–12–15		38.080,00

S			60 004 Hausmann GmbH, Pforzheim		H
			..–12–20		17.850,00
			..–12–23		12.971,00

S			60 005 Sonstige Lieferer		H
					20.230,00

Saldenliste der Kundenkonten	Soll	Haben	Salden
10 001 H. Karls e. K.			
10 002 W. Gruppe e. Kfm.			
10 003 R. Naumann e. K.			
10 004 Stadtwerke			
10005 W. Kunde e. K.			
Summen			

Saldenliste der Liefererkonten	Soll	Haben	Salden
60 001 Velox GmbH			
60 002 Hausgeräte GmbH			
60 003 Schneider KG			
60 004 Hausmann GmbH			
60 005 Sonstige Lieferer			
Summen			

Bilanzbuch

Aktiva		Schlussbilanz	Passiva

Ergebnistabelle der Möbelgroßhandlung Schneider OHG

Finanzbuchhaltung (= RK I)			Kosten- und Leistungsrechnung (= RK II)			
Gesamtergebnisrechnung der FB			Abgrenzungsrechnung		Betriebsergebnisrechnung	
Kto.-Nr.	Aufwendungen	Erträge	neutrale Aufwendungen	neutrale Erträge	Kosten	Leistungen

Abstimmung der Ergebnisse

1. Gesamtergebnis im RK I (Unternehmungsergebnis) ______________
2. Neutrales Ergebnis (Abgrenzungsergebnis) ______________
3. Betriebsergebnis ______________
4. Gesamtergebnis im RK II ______________

Ergebnistabelle der Textilgroßhandlung Jan Wilhelm e. K.

Finanzbuchhaltung (= RK I)			Kosten- und Leistungsrechnung (= RK II)			
Gesamtergebnisrechnung der FB			Abgrenzungsrechnung		Betriebsergebnisrechnung	
Kto.-Nr.	Aufwendungen	Erträge	neutrale Aufwendungen	neutrale Erträge	Kosten	Leistungen

Abstimmung der Ergebnisse

1. Gesamtergebnis im RK I (Unternehmungsergebnis) __________
2. Neutrales Ergebnis (Abgrenzungsergebnis) __________
3. Betriebsergebnis __________
4. Gesamtergebnis im RK II __________

Ergebnistabelle der Sanitärgroßhandlung Heinz Schnell e. K.

Finanzbuchhaltung (= RK I)			Kosten- und Leistungsrechnung (= RK II)			
Gesamtergebnisrechnung der FB			Abgrenzungsrechnung		Betriebsergebnisrechnung	
Kto.-Nr.	Aufwendungen	Erträge	neutrale Aufwendungen	neutrale Erträge	Kosten	Leistungen

Abstimmung der Ergebnisse

1. Gesamtergebnis im RK I (Unternehmungsergebnis) ____________________
2. Neutrales Ergebnis (Abgrenzungsergebnis) ____________________
3. Betriebsergebnis ____________________
4. Gesamtergebnis im RK II ____________________

Ergebnistabelle Klaus Barth e. K.

Finanzbuchhaltung (= RK I)			Kosten- und Leistungsrechnung (= RK II)			
Gesamtergebnisrechnung der FB			Abgrenzungsrechnung		Betriebsergebnisrechnung	
Kto.-Nr.	Aufwendungen	Erträge	neutrale Aufwendungen	neutrale Erträge	Kosten	Leistungen

Abstimmung der Ergebnisse

1. Gesamtergebnis im RK I (Unternehmungsergebnis) ____________________
2. Neutrales Ergebnis (Abgrenzungsergebnis) ____________________
3. Betriebsergebnis ____________________
4. Gesamtergebnis im RK II ____________________

Ergebnistabelle

Finanzbuchhaltung (= RK I)			Kosten- und Leistungsrechnung (= RK II)			
Gesamtergebnisrechnung der FB			Abgrenzungsrechnung		Betriebsergebnisrechnung	
Kto.-Nr.	Aufwendungen	Erträge	neutrale Aufwendungen	neutrale Erträge	Kosten	Leistungen

Abstimmung der Ergebnisse

1. Gesamtergebnis im RK I (Unternehmungsergebnis) ____________
2. Neutrales Ergebnis (Abgrenzungsergebnis) ____________
3. Betriebsergebnis ____________
4. Gesamtergebnis im RK II ____________

Ergebnistabelle Mayer KG

Finanzbuchhaltung (= RK I)			Kosten- und Leistungsrechnung (= RK II)			
Gesamtergebnisrechnung der FB			Abgrenzungsrechnung		Betriebsergebnisrechnung	
Kto.-Nr.	Aufwendungen	Erträge	neutrale Aufwendungen	neutrale Erträge	Kosten	Leistungen

Abstimmung der Ergebnisse

1. Gesamtergebnis im RK I (Unternehmungsergebnis) __________
2. Neutrales Ergebnis (Abgrenzungsergebnis) __________
3. Betriebsergebnis __________
4. Gesamtergebnis im RK II __________

Ergebnistabelle

Finanzbuchhaltung (= RK I)			Kosten- und Leistungsrechnung (= RK II)			
Gesamtergebnisrechnung der FB			Abgrenzungsrechnung		Betriebsergebnisrechnung	
Kto.-Nr.	Aufwendungen	Erträge	neutrale Aufwendungen	neutrale Erträge	Kosten	Leistungen

Abstimmung der Ergebnisse

1. Gesamtergebnis im RK I (Unternehmungsergebnis) ____________
2. Neutrales Ergebnis (Abgrenzungsergebnis) ____________
3. Betriebsergebnis ____________
4. Gesamtergebnis im RK II ____________

326

S	2281 Warenbestand Ware A	H

S	2282 Warenbestand Ware B	H

S	6070 Wareneingang Ware A	H

S	6075 Wareneingang Ware B	H

S	6071 Bezugskosten Ware A	H

S	6076 Bezugskosten Ware B	H

S	5110 Umsatzerlöse Ware A	H

S	6077 Nachlässe Ware B	H

S	5115 Umsatzerlöse Ware B	H

S	5111 Erlösberichtigungen Ware A	H

S	8020 Gewinn- und Verlustkonto	H

Kalkulationsschema

Betriebsabrechnungsbogen

Kosten-arten	Zahlen der Betriebsergebnisrechnung	Hilfskostenstellen		Hauptkostenstellen			Summe
		Lager	Verwaltung	Warengruppe 1	Warengruppe 2	Warengruppe 3	
Einzelkosten:	—						
Summe EK							
Gemeinkosten:	—						
Summe GK							
Verteilung Lager:							
Verteilung Verwaltung:							
Summe der Handlungskosten in den Hauptkostenstellen							
Selbstkosten							
Handlungskostenzuschlagssätze							
Nettoumsatzerlöse							
Betriebsgewinn							
Gewinnzuschlagssätze							

Betriebsabrechnungsbogen

Kosten- arten	Zahlen der Betriebsergebnisrechnung	Fuhrpark	Hilfskostenstelle Lager/Verwaltung	Hauptkostenstellen HOB	 DOB	 KB	Summe
Einzelkosten:	——						
Summe EK							
Gemeinkosten:	——						
Summe GK							
Umlage Fuhrpark:							
Umlage Lager/Verwaltung:							
Handlungskosten							
Handlungskostenzuschlagssätze							
Selbstkosten							
Nettoumsatzerlöse							
Betriebsgewinn							
Gewinnzuschlagssätze							

Betriebsabrechnungsbogen

Kosten- arten	Zahlen der Betriebsergebnisrechnung	Allgemeine Kostenstelle 1	Hilfskostenstelle 2	Hauptkostenstellen 3	4	5	6	Summe
Einzelkosten:	—							
Kü-Möbel								
Wohnmöbel								
Schlafzimmer								
Kleinmöbel								
Summe EK								
Gemeinkosten:	—							
Summe GK								
Umlage Allg. Kostenstelle:								
Zwischensumme								
Umlage Hilfskostenstelle:								
Summe der Handlungskosten								
Handlungskostenzuschlagssätze								
Selbstkosten								
Nettoumsatzerlöse								
Betriebsgewinn								
Gewinnzuschlagssätze								

647870

347

Ergebnisrechnung	Warengruppen A	B	C	Summe
Nettoumsatzerlöse				
– variable Kosten: Einzelkosten (Warenaufwendungen)				
variable Handlungskosten				
= Deckungsbeiträge				
– fixe Kosten				
= Betriebsgewinn				

351

Ergebnisrechnung	Warengruppen I	II	III	IV	Summe
Nettoumsatzerlöse					
– Warenaufwendungen					
– variable Gemeinkosten					
= Deckungsbeiträge					
– fixe Kosten					
= Betriebsgewinn					
Ertragskraft in %					
Optimale Sortimentgestaltung nach Rängen					

352

Ergebnisrechnung	Gartengeräte	Gartenmöbel	Summe
Umsatzerlöse			
– Erlösberichtigungen			
– Frachten (Einzelkosten)			
– Warenaufwendungen			
– variable Handlungskosten			
= Deckungsbeiträge			
– fixe Kosten			
= Betriebsgewinn			
Ertragskraft in %			
Optimale Sortimentgestaltung			

353

Ergebnisrechnung	WG A	WG B	WG C	WG D	Summe
Umsatzerlöse					
– Warenaufwendungen					
= Warenrohgewinn					
– variable Handlungskosten					
= Deckungsbeiträge					
– fixe Kosten					
= Betriebsgewinn					
Ertragskraft in %					

382

Ergebnistabelle der Großhandlung P. Zechner OHG

Finanzbuchhaltung (= RK I)			Kosten- und Leistungsrechnung (= RK II)			
Gesamtergebnisrechnung der FB			Abgrenzungsrechnung		Betriebsergebnisrechnung	
Kto.-Nr.	Aufwendungen	Erträge	neutrale Aufwendungen	neutrale Erträge	Kosten	Leistungen

Abstimmung der Ergebnisse

1. Gesamtergebnis im RK I (Unternehmungsergebnis) ______________
2. Neutrales Ergebnis (Abgrenzungsergebnis) ______________
3. Betriebsergebnis ______________
4. Gesamtergebnis im RK II ______________